Der Tanz

geht

weiter...

David gegen Goliath

*die Geschichte von Macht und
sinnloser Rebellion...*

Bibliografische Information durch
Die Deutsche Bibliothek:
Die Deutsche Bibliothek verzeichnet diese Publikation in der
Deutschen Nationalbibliografie; detaillierte bibliografische
Daten sind im Internet über https://portal.dnb.de/opac.htm abrufbar.

Herstellung und Verlag
BoD – Books on Demand, Norderstedt

ISBN 9783755741879

SAMU KAIN DEUTSCHER - MEER

DER Tanz

GEHT

WEITER...

David gegen Goliath
die Geschichte von Macht und sinnloser Rebellion...

Hiermit
entschuldige
ich mich
vorsorglich

voll
inhaltlich

für
alles, was
ich schreibe,
aber kein anderer
es
zu glauben
vermag...

Samu Kain Deutscher-Meer

Blindes Vertrauen
ist auch nicht
grenzenlos...
es endet
spätestens
mit dem
Fall in die Grube...

Weisung - an - Sicht:
Sicht
weisen...

Wenn Bayern von

>Maß nahmen<
sprechen,
könnten sie
eventuell

1 Liter Maß Krug
also,
ein echtes Maß,
meinen,
also so etwa:

>die doa woarn,
die a en eschtes
Moaß noame,
die hotte also
en Lidder Bia in em Kruag.
… un des woa ebbes goads…

Wenn die

Leute
ordentlich
und sachlich
miteinander
reden würden,

hätten
Anwälte

vielleicht

gar nichts
zu tun...?

*Aber, das wäre vielleicht gar nicht so gut,
denn möglicherweise müssen sie auch Familie
ernähren, haben Verpflichtungen wie Haus,
Garten, Auto, Urlaub, Hobby, Kinder und
deren Wünsche... usw.*

Wer lügt

müsste sofort
zu erkennen sein,
wenn es stimmt,
wie es heißt,
der...

kriegt

kurze Beine...

und

vielleicht mal
eine lange
Nase

wie Pinocchio...?

Man sieht

nur
mit dem Herzen
gut.

Das Wesentliche
ist
für die Augen

unsichtbar!!

aus der kleine Prinz
(Antoine de Saint-Exupéry)

Smarte Farben

Sherry Reavers...
(ehem. Fußballerin)

>Das habe ich nicht gewusst...<

Kann das eine gute Ausrede sein...

Ja?...
Aber,
digitale gute
Vernetzung ist in...

und

> Schlips am Hals <
ist auch keine gute Ausrede.

*Panik*mache
gilt nicht...

Wasser,
Überschwemmungen,
Schuhe, die im Regal
standen weggeschwommen

Regal mit
weggeschwommen
man
kann sich nicht
halten nichts
was sich festhält nichts
was mich...
halten kann
weggeschwemmt wird
einfach alles...

Über
schwemmungen,
die Natur holt
sich zurück ,
was ihr gehört...

Ohne

Grenzen gibt es nichts
und
auch das Nichts
ist nicht ohne Grenzen...
Irgendwann ist es mit dem
Nichts vorbei,
Die Grenze des
Nichts ist
erreicht, und

es ist wieder etwas da.
etwas, das
das Nichts ausfüllt...

Etwas
Neues,
etwas anderes... Neues.

Die
rechten und die linken
die einen und die anderen.
die von hüben und von drüben

die da drüber
und
die da nüber...

die guten und
die schlechten
die einen guten
und die anderen guten

und
die schlechten...
die geimpften und
die ungeimpften

...die
einmal geimpften
und die zweimal geimpften
und
die ungeimpften...

die einmal geimpft
impfdurchgebrochenen
und die zweimal geimpft
impfdurchgebrochenen
und
die ungeimpften...
zwar noch die >gesunden<
aber
genannt die >querdenker> die
noch nicht geimpften und daher
die gefährlichen Anstecker...

die >will ich<
einmal geimpften

die >will ich<
zweimal geimpften

die >will ich<
dreimal geimpften

die >will ich<
Booster geimpften

und die >will ich nicht>
geimpften,
die ungeimpften also, die
Anstecker und Pestbeulen,
die so gefährlich sind, dass sie
nirgends hin- und rein dürfen...

Erschaffen

Wer
von sich sagen kann,
ich habe mich selbst erschaffen

Von dem könnte man mal
meinen, er könne noch mehr, er
könne so viel, dass er auch
anderes erschaffen kann,
auch wieder wegschaffen
und auch wieder herschaffen...

Ein Zauberer, ein Hexenmeister,
nein auch die wären in ihrer
Existenz das Werk anderer, weil
auch die sich nicht selbst
schufen.

Ist es nicht viel eher so, dass sich
die Menschheit nicht in Griff
hat?

Wenn man bedenkt, dass das
Virus, wie wissenschaftliche
Studien noch angeben,
nur 72 Stunden auf Oberflächen
überleben kann...? Und
insgesamt nur 28 Tage aktiv ist?

Wie gefährlich kann es denn noch
bleiben, wenn man es durch diese
Wartezeiten einfach mal im Nichts
aussterben lässt?

Wenn der Fisch an Land bleibt, stirbt er!

…ist es denn so,
dass diejenigen, die sich nicht
mit den neuartigen Impfstoffen
impfen lassen, dass das die
gefährlichen Virenüberträger
und Krankheitsverbreiter sind,
die man zu fürchten und zum
Schutz für sich und die anderen
Geimpften auszugrenzen hat?

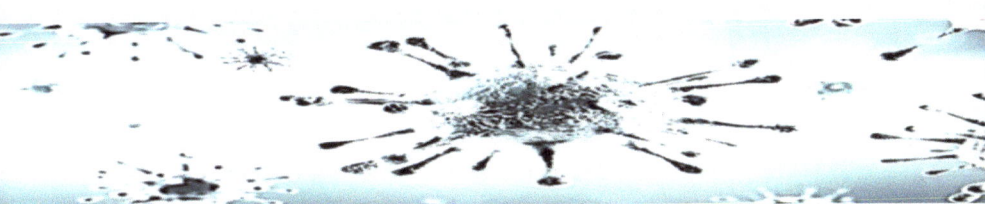

Aber, scheint da
irgendetwas
irgendwie
vielleicht doch
fragwürdig…?

...stattdessen

Versuche über
Versuche,
der Mensch muss dafür herhalten...
Angebote, Verbote, Lockerungen hin
und her,
Zutrittsgenehmigungen,
Zutrittsverweigerungen und
vor allem
tagtäglich
Angst und Panik
schüren...
um die Menschen
>will ich<
und
>geh füg dich<
zu machen...
Auch
in einem Nerven-Krieg...
gibt es
Gewinner und Verlierer

Müssen
denn nun
in der jetzigen digitalen Zeit

die von
intelligenten Hochbegabten
geschaffene
intelligente neue Software

in die ganze Welt,
in alle Menschen
in tierische und pflanzliche
Lebewesen
installiert werden,

durch Genveränderungen
durch Klonen
durch Veränderungen der
von Gott erzeugten perfekten
Natur?

Muss sich nicht die Natur davor bewahren?

Die Natur

funktioniert bereits seit
Millionen von Jahren perfekt und
fehlerfrei.

Es bedarf keiner Hochintelligenten,
Menschen, die sie verändert.
Menschen sind nicht unfehlbar...

Die intelligente Software sollte
hilfreich für Mensch und Tier sein,
bei Gelähmten und Behinderten
könnte sie Leiden lindern helfen.

>>Machet euch die Erde untertan<<

ist eine göttliche Erlaubnis und
Aufforderung zum Guten.

Wer einigermaßen
digital bestückt ist, versteht
vielleicht was es heißt:

>>Software zu installieren...<<
mal klappt es und andere male
klappt es nicht...

<u>**vor allem klappt neue Software
nicht**</u>
<u>**in alten Geräten mit**</u>
<u>**veralteter Hardware**</u>

Exitus
ist
somit vorprogrammiert,

<u>**die >>alte Hardware <<**</u>
bleibt
nur noch zu entsorgen...?

Digitales...

verflüchtigt sich...
schneller, als
einem lieb ist...

einmal Stromstörung
mit
Festplatten Absturz
und
weg
ist alles...

so schnell wie es gekommen
so schnell ist es entronnen...

...Wer eine drückende
Schraube nicht
mehr haben will,
muss sie
nicht nur
nicht haben wollen,
sondern
muss
aktiv werden:

sie rausdrehen...
Stück für Stück
rausdrehen

Bis sie wirklich
raus ist.

Das gibt Platz für Neues.

Der Unterschied

zwischen
gut meinen
und
gut machen

kann
riesig sein,
vor allem auch dann,
wenn jegliche
Erfahrungen fehlen.

Wie jetzt gerade bei
dem politisch angepriesenen,
dogmentierten Sogenannten:

>Impfschutz<

Es bedarf des Versuches

und derer,
die freiwillig mitmachen.

Letztendlich sind es
möglicherweise Letztere,
die ihre daraus resultierenden
Schäden
in ihrem einmaligen Leben
austragen müssen.

Darüber muss
sich auch jeder

im
Klaren sein...

Niemand

setzt sich für
einen anderen in
dessen Rollstuhl
und
erleidet dessen
Leiden
oder stirbt gar für diesen...

Nein,

das gibt es nicht
jeder hat
seine eigene Lebenswelt
und seinen eigenen
Organismus
individuell
dazu.

Trotzdem

gibt es niemanden der
in sich und von sich
autark leben kann...
In jedem Fall ist man von
anderen
Individuen
in dieser Welt
ab
hängig...
So,
wie ein Kettenglied,
das nur mit
anderen Kettengliedern
erst
zu einer
perfekten Kette
gehört.

Für einander

da sein,
sich gegenseitig helfen

in Notlagen...

Sich freundlich
gesinnt sein
Gutes oder auch Besseres
anderen gönnen können.

Neid und Missgunst
sind Giftstachel
und Krankheitsherde
des einmaligen
Lebens.

Giftstachel hinterlassen
tiefe schlecht heilende Wunden,
oder wirken auch tödlich.

Es gibt immer

zwei Seiten
mindestens...
bis
zur Mitte...

Recht
oder
nicht
Recht.

>Nicht Recht<

heißt bei uns
>Unrecht<.

Wer aber
das Recht oder das Unrecht
zu Recht hat,
das entscheidet
ein Gericht...

Wenn aber die
um das Recht Kämpfenden,
weil sie kein Recht
bekommen haben,
nicht
mit dem Recht
des gesprochenen Urteils
zufrieden sind,

dann können sie
weiter kämpfen
und ihre
wertvolle Lebenszeit

in
dicken Ordnern wälzend

bei Rechtsanwälten,
in schicken Anwaltskanzleien

und dann nach
weiteren langen
Wartezeitstrecken
in Gerichtssälen
verbringend, um

ihr
Recht

zu- oder abgesprochen
entgegen
zunehmen...

Macht *das den Sinn des Lebens aus?*

Damit aber

dürfen
die Recht-Erkämpfer
zufrieden

sein

oder

vielleicht
auch nicht...

Denn...

Wie man wohl auch weiß,
(aber leider nicht immer daran denkt)
gibt es
überall noch einen kleinen Haken,
der daran schuld sein mag,
dass man
zu Fall kommt...

Denn, wer
das Recht ausspricht und
das Urteil
über Recht und Un-Recht fällt,
ist auch nur
ein Mensch,
fehlerhafter noch vielleicht
durch sein
ureigenes Introwerk,
seinem sich beeinflussenden
eigenen Gefühls-
und Gesundheitsstand,
auch
seinen Lebenserfahrungen...

Ein Mensch,

der zwar
Recht studiert hat
wie
man es
derzeit
studieren kann
und wie es sich
derzeit in der modernen Zeit
und geänderten Gesetzen
angepasst
hat, ist...
ein Richter
und trotzdem
ein einmaliger Mensch...

Allein schon deshalb,
dass jeder Mensch
trotz aller Studien
noch immer einmalig bleibt.

Es heißt,
Richter sind unabhängig.

Aber sind sie es wirklich?

...Menschen kehren
scheinbar,
nun doch, langsam
aber sicher
zu ihrem Ursprung zurück.

Allerneueste Gedanken,
was aber, eigentlich das Natürlichste der
Welt und Natur ist, was über Millionen
Jahren funktionsfähig und perfekt
natürlichen Regeln im Kreislauf des
Lebens ohne Störung unterliegt,
was aber
bislang,
durch den Menschen gesteuert,
>nicht in<
war,

sind nun wieder...
zum Schutz der Natur
als Perfekt-Maßnahmen

...endlich entdeckt worden.

Die besonders
umweltfreundliche
Maßnahme wird nun
aber auch zum neuen
besonders einträglichen
Geschäftszweig:
>> *Bio Beerdigung* <<
nach dem nun
tatsächlich erkannt
und auch gesagt wird,

wieviel Schadhaftes
durch Verbrennung der Leichen
und der Holz - Särge
in die Luft,
umweltschädigend abgegeben
wird...

Dabei

Heißt es schon in der Bibel:

Aus Staub bist du
und zu Staub
wirst du wieder
zurückkehren.

Erschaffen

Wer von sich sagen kann,
ich habe mich selbst erschaffen

Von dem könnte man mal
meinen, er könne noch mehr, er
könne so viel, dass er auch anderes
erschaffen kann,
auch wieder wegschaffen
und genau wieder herschaffen...

Ein Zauberer,
ein Hexenmeister?

Nein, auch die wären in ihrer
Existenz das Werk anderer, weil
auch die sich nicht selbst
schufen.

Und wie man weiß,

auch
wenn man
sonst nichts weiß,

von allein

tut sich
mal gar
nichts...

Wer will

denn
sowas wissen?

Wer nach dem Königskraut im
Supermarkt Ausschau hält,
der sucht
nach Basilikum...

Die Bezeichnung stammt aus
dem Griechischen *basilico* und
war als Zier- und Heilpflanze
meist an den Basiliken zu
finden.

Kräuter Millionen Jahre
wirksam, die uns immer noch zum
Heil sind.

Der Eisbär

hat

unter seinem

weißen Fell

eine komplett
schwarze Haut.

Unglaublich, wenn der eine neue
Software bräuchte…?

Wem
war

Elton John`s
Lied:

>>Candle in the Wind<<

ursprünglich
gewidmet?

Marilyn Monroe

Der neuseeländische Ort
Lake Tekapo

ist das erste astronomische
Schutzgebiet der Welt...

Wer Autobahn Hypnose erlebt;

fährt Auto, kann sich aber an die
konkrete Fahrt nicht erinnern...

Warum bleibt der Schnabel
des Spechts beim Hämmern
nicht im Baum stecken:

Er dreht seinen Kopf und zieht den
Schnabel schräg heraus...

Wer

das Dufterlebnis
seiner Pflanzen im eigenen
Garten intensivieren möchte
sollte:

einen tiefergelegten Gartenteil
anlegen...

Statische Aufladung
synthetischer Wäsche
lässt sich verhindern:

indem sie mit einem Ball aus
Alufolie im Wäschetrockner
getrocknet wird. Der Alu Ball lässt
sich bis zu 6 Monaten weiter
verwenden...

Was hilft

um den Farbverlust
von roten Zwiebeln
beim Kochen
zu verhindern:

Schuss Essig dazugeben.

(bitte nicht mit einer Pistole)

FRÜHER

schrieben Advokaten
mit Tinte auf Pergament aus

Schafshaut

weil es besonders
fälschungssicher war.

Das Material besteht aus zwei
Schichten, die beim Schaf nur
locker verbunden sind. Bei
Änderungsversuchen, die Tinte
abzukratzen, wurde das Leder
auffallend beschädigt,
da die Tinte bis in die zweite
Schicht gelangte und nicht
entfernt werden konnte.

Der Tanz geht weiter

Kunterbuntes Durcheinander
wie im echten Leben...

Man kann sich auf den Kopf
stellen...

Lichtmomente?

Anthologie - Tausch mal

Johnson
Gastgeber Klimagipfel...

Man soll aufhören die Welt wie
eine Toilette zu benutzen...

kann doch jeder:
unterlassen...

Klimakipferl was ist das?

Eine Köchin würde gerne
auch mal weniger kochen... Das geht
aber nicht, weil alle was essen
müssen...
täglich.

Wegwerfen?
Es wird so viel weggeworfen...
Lebensmittel...
Sie landen im Mülleimer...
Haltbarkeitsdatum abgelaufen...

Sie landen im Abfall,
die Lebensmittel...
aber sie sind gar nicht schlecht...
nur die Zahlen darauf sind falsch...

und irgendwo
sterben Hungernde
unterdessen

So ist es,

die, die ganz oben stehen,
können alles runterwerfen,
auf die,
die unter ihnen sind...

Aber die,
die unter ihnen sind,
die,
auf denen
sie stehen,

können ihnen
die Standfestigkeit nehmen und
könnten ihnen
direkt

die Beine wegreißen...?

In

+Schuld+
sind Menschen...

Die Natur

nimmt
im freien Lauf...

ohne
Räumungsklage

(völlig überraschend?)
mit Donner und Getöse unhaltbar kraftvoll

ihr Eigentum zurück.

Es bleibt

doch immer was...

Nach dem Waage Prinzip,
bleibt immer alles im
Gleichklang,
Geht die eine Seite hoch,
Geht die andere Seite runter.

Immer im Gleichklang...

So, wie in einen Behälter
nicht mehr reinpasst
als der Behälter Volumen
bietet...
Eingegrenzt...
alles darunter füllt nicht,
alles darüber läuft aus...

Tanz
weiter
aus
der
Reihe

Wer mehr tut, schwitzt mehr...
wer weniger tut, friert mehr...

mehr Schritte bringen weiter
weniger Schritte nicht...

Gibt heute

jemand seine Arbeitskraft
für andere,
müssen andere dafür
bezahlen...
das, was früher
beschwerlich im
Tauschgeschäft
üblich war,
wird heute einfach
durch
simple Finanzen
ersetzt...

WERT, der einen
anderen Wert
ausgleichen
soll...

Heute ist

Politik eine Abteilung für sich..
Medizin eine Abteilung für sich
SPORT eine Abteilung für sich.

Politik
wirkt wie ein Jongleur des Lebens...
lenkt, leitet, grenzt ein, lässt frei...
teilt ein, bedient sich,
gibt, nimmt wieder...

Aber,
zeigt sich unsicher
verbreitet Panik,
Unsicherheiten,
spaltet ihre Bürger
durch Versprechen
durch Versprecher,
durch Unwahrheiten

durch Vereinheitlichungen?

Politik...

wie ein
verstörter Korpus...
...
gibt den Ton an
für die zu singenden Lieder...
lenkt
die Richtung
nach oben...
lenkt unten,
nach rechts und nach links...

aber
Fundament,
Körper und Organ
das
sind

WIR

Wir alle

Die lieben Nachbarn,
die auch,
die ständig miteinander streiten...

die, die täglich im Grünen mit ihrem
Hund spazieren gehen

die, die täglich gern
oder
nicht gern ihrer täglichen Arbeit
nachgehen,
auch um alle Wünsche,

die im Wettstreit mit denen
anderer zu liegen scheinen
und sich ständig verändern,

ihrer Familie
erfüllen zu können...

... auch die,

die sich nicht
auf den Weg zur Arbeit
machen,

die, die krank sind,

die, die alt sind
und die ihr Soll
bis heute eingebracht haben,

denn ohne sie wäre
es nicht so, wie es jetzt ist,

Wir
alle sind
Fundament
und
Kostenträger

FRIEDEN

ist
eine Sache für sich
Krieg ist eine Sache für sich

Man kann nicht alles
einfach miteinander vermischen...

Zucker und Salz
vermischen,
nur weil sich Ähnlichkeiten bieten,
beides weiß und körnig ist...?

Wer käme auf solche Idee?

Kann doch nur
fehlerhaft sein,
oder?

Frieden
ist
für
Alle
da

jetzt

ist es Zeit...
gegen
den Strom
zu schwimmen...

Wenn ihr
überleben wollt,
wenn
ihr die Erde retten wollt...
so, wie
ihr behauptet,
an jedem
Friday for Future

so, wie

...ihr behauptet
auf den Sammelplätzen
der Umwelt-Demos
zu denen ihr euch auf den Weg
gemacht habt
mit Bus, Bahn, Auto, Flugzeug...
irgendwie seid ihr
durch die Umwelt
ja da hingekommen...
wahrscheinlich seid ihr nicht
umweltschützerhaft
alle Wege gelaufen...

DEMO-SCHILDER, MÜLL und
ABFÄLLE???

lassen leider auch einige liegen
oder werfen Sie ...

...Non Stopp?

in die Gegend. Die
müssen danach wieder
kostenaufwendig eingesammelt
werden
und zu Abfall- Bergen
auf den Deponien transportiert und
hinzugetürmt werden...

Ob sich die Natur
darüber freuen kann,
über
solche >Einsätze<?

Oder
wäre es ihr
ganz einfach
viel lieber
gewesen, es wären alle zu Hause
geblieben...?

... *Aber,*

dann hättet ihr euch nicht so wichtig
in der Medienpräsens, in den
Vordergrund drängend, selfieriert...

Weniger ist
manchmal mehr...

weniger zu wollen,
heißt:
auf einiges zu verzichten,

heißt auch: sparen,
heißt auch:

>>um-Welt<<

schonen
durch weniger Gebrauch
und Abnutzung...

Längere Lebensdauer, also.

Was

wertvoll
und unersetzlich ist:

beginnt mit
einem Tropfen:

Wasser...

aber
natürlich
bitte....

Leeren,
die sich füllen müssen.

Mit

*den
Schritten,
die
man weiter geht,*

*nähert
man sich mehr
und mehr*

*der
Ziellinie...*

□□□

Etwas,

das, wie grenzenlos
aussieht ist
das Alter...
innerlich betrachtet...

Wenn man noch
am Anfang steht, also
in jungen Jahren...

von jung geht es nahtlos
dann in alt über,
bis dann doch auch
wieder irgendwann
eine Grenze erreicht ist...

indem sich das
Gefühls-Sein auflöst...
in Nichtmehrkönnen...
oder gar in Nichtmehrwollen...

...Krankheit

oder
Verbrauchtsein
ist
erreicht,

die Grenze
ist da...
das Lebensende...
in Sicht...

es naht

unaufhaltsam

der Exitus
(natürlich)

□□□

Und...

Digitales... verflüchtigt
sich...schneller, als einem lieb
ist... einmal Stromstörung mit
Festplatten Absturz und
weg ist alles...

und minimales verliert sich
ja auch soooo schnell...

Die Welt

ist also nicht
empfehlenswert
auf digitalen Werten
aufzubauen...

Digitales kann bestenfalls als
Arbeitserleichterung und
Vereinfachung für Menschen
genutzt werden.

Wer sich allein
auf digitalen Einsatz
verlässt,
der ist verlassen...

Es fördert körperliche
Untätigkeit,
sodass durch solche
Einseitigkeiten die Muskelträger
verkümmern und versteifen...

Und wenn

Digitales
alles weg ist
auch durch Abstürze,
nichts mehr vorhanden,

dann heißt es,
wie
Johann Wolfgang von Goethe an
einer Stelle schon bemerkte:

Da steh ich nun, ich alter Tor,
und bin so klug wie nie zuvor...

>Digital<
ist eine Gedächtnisschrift... ohne
Aufzeichnung und technischer Hilfsmittel
sowie dauernder Energiezufuhr
also nicht sichtbar...
ein
Nichts

digitalisieren

Computer
Synonyme:
scannen

computerisieren
Synonyme:

automatisieren
mechanisieren
roboterisieren

Wie alles im Leben

hat alles seine
zwei Seiten,
die guten
und die schlechten.

Software
ist eine gute Sache,
wenn
sie gut benutzt wird...

schlecht:

bleibt besser zu unterlassen...
tödlich
wie eine Bombe,

beim Gift macht es die Dosis...

Wichtig ist,

nicht mehr als nötig
von anderen
abhängig
zu sein...

Handfestes
ist wichtig,
bleibt aber
scheinbar
auch nicht
beständig
sichtbar,

sondern
fügt sich
in den
ewigen Kreislauf...

Moralisch flexibel:

Sag mir

wo

der Wind
herkommt...

dann

drehe ich mich!

Du musst
nicht
überall
der Erste
sein...

Aber
wer drängelt,
um Erster zu sein,
der darf
auch
als Erster
seine Erfahrungen
machen.

Die Soldaten,
die drängeln,
haben
auch die Chance
als Erste
tot im Graben
zu liegen...

immer
Geradeaus...

kann auch
mal

Eckensteher
mitreißen...

☐☐☐

Es trafen

aufeinander
einmal
zwei Blätter...

eines, bunt, das
war viel
netter...

das andre
platt, weiß,
nein fahl...

lag es auf
dem Schreibtisch
vergessen...

ja eben, fatal...

Märchenhaft meint man vielleicht?

Es war einmal ein König,
der wog auch gar nicht wenig
drum hatte der zwei Schneider,
die nähten ihm die Kleider...
sie kauften große Rollen
mit Stoffen, seid 'nen, tollen,

und erzählten,
sie wählten,
diese mit weisem Bedacht.
weil dies den König klüger macht...
er könnte nun erkennen,
wie sie um ihn rennen...

denn die Stoffe, so herrlich und licht,
sähen nur die Dummen nicht...
so könnt der König gut erkennen,
wen >klug< und >dumm< er kann
benennen...
emsig nähten seine Schneider
aus diesen Stoffen ihm seine
Kleider...

und probierten, das war klar,
die Kleider ihm, die er nicht sah...
denn wer den Stoff nicht sehen kann
gehört zu den ganz Dummen dann.
Schrecklich war's um ihn geschehen,
kein einzig' Kleid konnte er sehen...

„Einzig und so wunderschön"
rief er, als könnte er sie seh'n...
in scheinbarem Entzücken...
Geich hinter seinem Rücken
grinsten feist die bösen Schneider
über diese Wunder - Kleider...

Und es kam der Tag an dem,
das Volk rief: >> wir wollen jetzt den
König seh'n
in den wundersamen Kleidern,
wie betont, von diesen Schneidern,
die nur Kluge könnten seh'n...
alle riefen: <wunderschön>...

alle wollten dumm nicht sein,
darum stimmten sie mit ein:

>Unser König lebe hoch<
arg verzweifelt klang es doch...
Frierend noch, stolziert der König,
nackt... heißt: von Kleidern viel zu
wenig...

Plötzlich ruft ein Kind ganz laut:
>>Wer hat die Kleider ihm geklaut,
der König hat ja gar nichts an! <<
Da riefen alle: >>Mann, oh Mann,
der König hat ja gar nichts an...
Er hat ja wirklich gar nichts an <<"

Man könnte fein
lernen aus dieser Geschicht:

GLAUBE
GELDGIERIGEN
SCHNEIDERN
NICHT!

Hoch lebe der König!
Wir lernen von ihm nicht wenig...

Denn,
wenn man tolle Stoffe
nicht sehen kann,
dann ist
auch sicher
nichts Gutes
dran...

□□□

Und

wenn

was im Leben

nur dumm
erscheint,
das sagt Dir
meistens
dann
doch
nur
ein Freund...

In diesem Sinne
Euer Freund

Samu Kain DEUTSCHER-MEER

Und wenn
ich wüsste,
dass morgen die Welt
unterginge,
dann würde ich
heute noch
ein Apfelbäumchen
pflanzen.

Vielleicht stammt dieses
Mut machende Vorhaben
von Martin Luther

Macht auch mit!
Hier könnt ihr euch getrost
in der Schlange anstellen.